novum premium

Klara **Lauk**

....forever young

Sei doch kein Frosch

novum premium

Bibliografische Information
der Deutschen Nationalbibliothek:

Die Deutsche Nationalbibliothek
verzeichnet diese Publikation in
der Deutschen Nationalbibliografie.
Detaillierte bibliografische Daten
sind im Internet über
http://www.d-nb.de abrufbar.

ISBN 978-3-903861-87-9
Lektorat: Dr. Annette Debold
Umschlagfotos: Yevhenii Strebkov,
Dusan Vainer | Dreamstime.com
Umschlaggestaltung, Layout & Satz:
novum Verlag

Gedruckt in der Europäischen Union
auf umweltfreundlichem, chlor- und
säurefrei gebleichtem Papier.

www.novumverlag.com

Inhaltsverzeichnis

Aussenstehend

Aussenstehend in einem Gespräch sein. So ist es mir ergangen. Ich habe über eine Dauer von einem Jahr zwei Leuten zugehört. Sie machten sozusagen die Vorgaben, ich konnte ihnen im Stillen antworten und das Gespräch weiterführen. Auf meine eigene Weise aufschreiben, so gut ich es wiedergeben konnte.

Den Gesprächen der beiden, dem alten Herrn und der jungen Frau, die einen respektvollen und wertschätzenden Umgang pflegten und Interesse aneinander zeigten, bei denen es auch eine Freude war, ihre Gedanken mitverfolgen zu können, habe ich oft und gerne gelauscht. Im Verlauf der Zeit ist das Gespräch immer mehr auf ihr eigentliches Anliegen gekommen. Das ist das Umweltthema.

Nicht nur die Klimadebatte istThema. Auch Alltägliches, Arbeit und vieles mehr. Gottlob, möchte ich sagen. Wir wollen ja nicht verzweifeln, ob der vielen Rückschläge, und können nicht nur weinend an den Betten der Enkelkinder stehen. Wir wollen mit ihnen sein, mit ihnen spielen und dürfen uns freuen an ihrer Fantasie. Ja, sie sind da, auch weil wir da sind. Aber was haben wir ihnen aufgeladen?

So schreibe ich von A bis Z Begebenheiten, Gedanken, fast Gereimtes und Weiteres von mir auf. Im Verlauf der Zeit ist es aber das Gespräch der beiden, das mein Interesse hat. Mein Alltag wird Hintergrund. Ich kann nur kleinste Teileinheiten dieser Gespräche aufschreiben und hoffe, dass ich sie im Sinn richtig wiedergebe, denn sie sind nicht mehr das, was sie waren.

Der alte Mann und die junge Frau hatten einen Gesprächsstil, der mich fesselte. Durch dieses Hören und Lauschen fühlte ich mich mehr in das Gespräch einbezogen, als wenn ich wirklich beteiligt wäre. Ich legte mir oft Antworten bereit, die beim nächsten Treffen in der Regel nicht mehr Inhalt der Unterhaltung waren.

Durch die Gespräche der beiden habe ich mir Fragen gestellt. Ist Zuhören wichtig? Was macht Hören mit mir? Kann

Musik helfen zu denken? Was ist eine Beziehung? Das Echtsein im Gespräch, was bewirkt es?

So mache ich mit bei dem Gespräch, wie es eine Zuhörerin macht. Sie lauscht nicht nur, sie denkt auch. Wenn ich das niederschreibe, so schreibe ich von „Z“, der Zuhörerin. Der alte Mann, mit „A“ in der direkten Rede bezeichnet, und die junge Frau, mit „J“, sprechen miteinander.

Das Alter und die Jugend waren dabei. Die Jugendforscher. Sie hat das Recht, es geht um mehr für sie. Es wird nicht auf die Waage gelegt und gemessen, wer sich besser ausdrücken kann oder poetischer ist und ob die Jugend Worte und gar Lieder nimmt und abändert, um auf das Thema aufmerksam zu machen.

Beziehungen

Im Alter spielen die sozialen Beziehungen eine grosse Rolle. Man merkt, ob sie tragen oder man es verpasst hat, tragende Beziehungen aufzubauen. Einsamkeit ist ein großes Thema. Und was das Schicksal alles für einen bereithält. Gar manches möchte man nicht wahrhaben, und doch, es gehört zu einem. Wenn die Alten gefragt werden, ob sie mit ihrem Schicksal zufrieden sind, bejahen sie es oft. Ich kann nicht zu viele soziale Kontakte haben. Das stresst mich. Einige beständige habe ich. Ich kann nicht stets in die Agenda schauen und denken: „… oh, so lange habe ich ihr nicht telefoniert." Ich habe eine Familie. Familien sind prägend. Und auch da sind nicht nur positive Gefühle vorhanden. Ich kenne den älteren Herrn und seine jüngere Bekannte. Sie sind nicht meine Bekannten. Ich höre ihnen zu, sie gehören mehr sich beiden, wenn ich von Beziehung spreche. Und doch zähle ich sie zurzeit zu meinen Bekannten. Ja, was ist eine soziale Beziehung? Habe ich zu ihnen eine soziale Beziehung? Kann ich das so bezeichnen? Oder zählt für mich, so wie ich es fühle?

Ich habe ihnen zugehört. Über das Klima haben sie gesprochen, so glaube ich wenigstens, zu spät bin ich gekommen.

A: „… ich kenne auch Überdruss. Es ist nicht nur Ärger darüber, über dieses mangelnde Tun. Es ist mehr. Es ist ein heftigeres Gefühl, ein Gefühl, das lähmt, das fast krank macht, dass es sich nicht lohnt, auch nur irgendwas zu tun. Und je mehr zu tun wäre, desto mehr Überdruss habe ich."

Höre ich richtig? Ihre Antwort:

J: „… sei doch kein Frosch."

„Er sieht in den Himmel,
Der Frosch,
Und hält sich seinen Bauch.

Er gibt den Himmel nicht auf
Trotz all seines Regens.
Warum bin ich kein Frosch?
Weil die Leute sagen: ‚Sei doch kein Frosch.'"

Chumm und sprich mit mir

„Chumm" ist Schweizerdeutsch. „Komm" Hochdeutsch. Unsere Jungen schreiben Schweizerdeutsch und immer mehr auch die Alten. Ich habe Mühe damit. Es gibt gute Schriftsteller, die schreiben Schweizerdeutsch. Es würde mich interessieren, doch es ist anstrengend zu lesen. Das heisst auch, dass ich auf Schweizerdeutsch schreiben kann, wie ich will. Es gibt da keine Rechtschreibfehler. Alles ist in der Regel kleingeschrieben, meine ich.

Den Titel hier würde ich so schreiben: „Chumm und red mit mier." Oder: „Chumm und reed mit miär."

Wenn ich den beiden zuhöre, dann denke ich: „Alle sollten zu allen ‚Chumm und red mit miär' sagen." Gspräch tönd guot. Alli händ öppis zägä. Öppis mitzteilä. Allnä söt mär zuolosä. Ia und het niit öpper gseit: „I dänä nüä ziitä, dänä internetziitä, wärded alli i i iräm läbä mal für churzi ziit bekannt." Ich bi doch au für churzi ziit bekannt gsii. Villicht 15 minutä i miim läbä. Oder sinds nur 5 minutä gsii? Und wiä wiit umä ich berüömt gsii bi, weiss ich nöd. Bim nachbaar, i dä wohngmeind, i dä schwiiz, oder uf dä wält. Wänn ja uf jedem kontinent uf därä wält öpper öppis vo miär weiss, dänn bin ich wältberüömt gsii. Ohni überleggä isch das passiert. Äbbä unüberleit, wien ich mängisch durs läbä gaa. Und wänn ich nuur drii minutä weltberüömt gsii bin, so hät ich mich söllä chönnä vorbereitä. Ich hät doch sicher än message gha, wo miär am härzä liit. Aber jetz isch dschaasä vertaa, jetz loss ich dänä beidä zuo. Schaad, sind sie niid uf kanal. Sii sind mega guot. Sii händ sich niid vorbereitet, sii reded eifach mitenand. Klar sind sii au zu däm punkt choo, wo sii es aaligä händ. Beidi händ sich uf ihri art mit däm befasst. Sii söted uf kanal sii, niid nur uf minäm. Däfür han ich dschaasä sii wiiter zbelauschä. Das passiert miär, und daa bin ich schoo äs glücks chind. Hoffentlich chömed ssi nuu viil zämä, und äbbä au wenn ich grad da bi.

Waas machsch du, odär wiä duosch du dich vorbereitä für diini minutä vo dinär berüömtheit. Soo dass niit muosch zittärä und niid weisch, was sägä. Muosch ja niid grad all überschnorä wällä. Stöff schoo chlii bestimmter zuo ghaa. Aber ä meinig darfsch ja schoo haa. Und wänd niit weisch, was grad mit diär passiert, dänn weisch es halt niit. Klar. Wänd uf kanal bisch, isch daas unagnähm. Wiä chaasch di da usäschnorrä. Ohni wort gaad das niid. Chaasch ja eifach vomänä guotä chuochärezept verzällä. Immerhiin hättisch du dänn öppis parat. Dänn diini füüf minutä chömmed villicht niid dänn wänn du äs diär vorgstellt häsch. Villicht staasch eifach mal füüf odär zäh minutä da, und dä söttesch es sägaä.

Also ich bii niit gschickt gsii. Äbbä schüch und überforderet. Ä kei guotä Idruck. Unüberleit. Absichtslos sowiisoo, au wänni absiichtä gha hät. Aber soo usäm läärä, soo überfallend. Nei soo ghats diär niid. Isch guot dass hüt alli, odär abä fascht alli gärn ufkanal sind und au schoo händ chönnä üöbbä.

Abär wiä verhaltet sich fründä und famili und bekannti? Vili findets mega lässig, oder si beschimpfet dich. Wänn sich alli andersch verhalted wiä vorhär. Wänn du nümmä weisch wie inä begägnä. Es giid so viili reaktionä. Ja, das chasch niid voruus üöbä, au wänn du mega viil ufkanal bisch.

Das Los der Zeit

Meine Zukunft schrumpft. Ich bin alt, doch mit jedem Tag schrumpft meine Zukunft. Die Welt schrumpft aber nicht. Sie ist gross, das Universum dehnt sich aus, immer mehr, immer ausgedehnter. Also hat das Universum auch unermesslich Zeit. Aber wie ist das mit unserer Erde und mit uns Menschenkindern?

Ja, so ist es. Mit jedem Schritt Älterwerden schrumpft unsere Zukunft. Die Welt schrumpft nicht. Immer ausgedehnter wird sie. Unendlich. Die Welt wird älter und ihre Zukunft länger. Sind wir Menschen und die Welt aus denselben Atomen? Kann das sein? Oder sind wir der Teil der Welt, den sie ausscheiden muss?

Alle sind wir auf irgendeine Art im Los der Zeit gefangen. Im Alter bin ich langsamer geworden. Die Zeit geht aber schneller. Ich empfinde es so. Also sollte ich noch möglichst viel erleben. In der Jugend habe ich auch getrudelt. Was hätte ich da alles tun können! Genug Kraft hatte ich damals und mehr Ausdauer, und Zeit dazu. Nun will ich mich spurten. Ich will reisen, wandern, Beziehungen pflegen, kochen, Sprachen lernen, malen, fotografieren, lesen. Doch je mehr ich aufholen will, desto schneller läuft mir die Zeit davon. Manchmal begreife ich, wenn ich mich auf den Augenblick einlassen kann, dann habe ich nicht das Gefühl von verlorener Zeit. Ich merke, eine Arbeit nach der anderen zu tun macht mich zufriedener. Nicht alle Arbeiten miteinander.

Oder mein Grosskind zeigt es mir. Y. lässt den Puppenwagen die Strasse hinunterfahren, probiert ihn einzuholen, fällt, steht auf, kann ihn nicht mehr einholen, holt ihn, und wenn sie oben ist, macht sie wieder und wieder dasselbe. Ich schaue zu. Es ist ja auch gemein mit diesem Wagen. Am Anfang ist er langsam, dann wird er auf einmal schneller, um einiges schneller als zu Beginn. Sie hat keine Chance. Sie startet so ruhig und schaut ihm erst noch etwas zu. Dann erst beginnt sie zu rennen. Doch ihr Gleichgewicht lässt sie fallen. Sie hat Ausdauer. Ich gehe zu ihr. Ich renne mit ihr. Ich sage:

„Eins,
Eins, zwei,
Eins, zwei, drei, vier,
Eins, zwei, drei, vier, fünf, sechs, sieben."

In diesem Rhythmus sollte sie in etwa schneller werden, denke ich mir.

Nun hat sie erst recht Freude. Sie babbelt beim Nachspringen nach. Aber der Rhythmus der Laute stimmt.

„Äh,
Äh, äh,
äh, äh, äh, äh,
äh, äh, äh, äh, äh, äh, äh."

Ich bin selber von der Dynamik dieses fahrenden Wagens überrascht. Aber es ist ein Spiel.

Y. freut sich darüber. Tatsächlich, so viel Zeit ist vergangen bei diesem Tun. Ich habe sie vergessen und darum Zeit bekommen. Zeit vermutlich auch für die Zukunft. Ich werde mich noch oft an dieses Spiel erinnern. Mich freuen darüber. Und wieder habe ich dann geschenkte Zeit.

Ich habe doch auch Erinnerungen an Erlebnisse in meiner Kindheit, die ich zurückholen kann. Es gelingt mir nicht so gut. Sind sie entschwunden? Hat die Zeit sie mitgenommen? Wo haben sie sich niedergelassen? Passen die Erinnerungen von früher und jetzt nicht mehr zusammen? Manchmal bin ich geneigt meine Erinnerungen anzupassen. Was ist in mich gefahren? Eine spezielle Art, diese Erinnerungen im Alter. Ich will sie nicht weggeben, es sind meine. „Dann ist es halt so", habe ich schon gesagt und freiwillig auf meine Erinnerung verzichtet. Sind sie nun gut oder schlecht? Soll ich nur die herausfiltern, die mir guttun und mich aufbauen?

Vielleicht machen sich sehr alte Leute auch solche Gedanken. Doch sie können nicht mehr schreiben. Sie zittern oder sehen schlecht, und ich bin geneigt zu sagen, ihre Erinnerung trügt sie. Was aber nicht möglich ist. Ihre Erinnerungen sind ihre Erinnerungen. Ihre Erinnerungen sind wertvoll. Irgendwie wirken alte Leute auf mich, als ob sie immer über etwas nachsinnen, vergleichen. Sie schreiben es nicht nieder. Wäre es besser, sie würden es aufschreiben oder aufschreiben lassen? Wären sie grosszügiger mit anderen Leuten? Könnten sie sich dann eher auf Neues einlassen?

Experiment

J: „... wir könnten es als Experiment betrachten. Wir könnten für unser Anliegen kämpfen, es aber trotzdem als Experiment betrachten. Es würde es uns leichter machen."

A: „Es sind zu viele Kräfte involviert. Es ist zu spät. Es gibt unterschiedliche Wahrheiten. Es gibt die subjektive Wahrheit der Überzeugung. Es gibt die objektive Wahrheit der Wirklichkeit. Es gibt die gesellschaftliche Wahrheit des Geldes und der Macht."

Gerne würde ich ihr ein Kompliment machen für diesen Einfall. Hat sie darüber gelesen? Dieser Gedanke, der grosse Befreier.

J: „... Wie du sagst, die objektive Wahrheit der Wirklichkeit können wir nicht mehr negieren. Berichte der Experten, schmelzende Gletscher, Eis, das schmilzt in der Antarktis, steigende Temperaturen, Unwetter und Trockenheit, ganze Landzüge, die verdorrt sind.

A: „... Ja, sie sind Heimatlose. Sie können die Heimat nicht festhalten. Auch ein Gegenstand, der Bedeutung hat, kann nicht festgehalten werden. Entweder verschwindet der Gegenstand oder die Bedeutung. Aber wenn die Heimat und die Bedeutung von Heimat verschwindet, was bleibt ihnen? Was haben sie noch? Und für einige gibt es vielleicht eine beschlagene Fensterscheibe, sie sehen etwas Schönes. Aber sie sehen es nur, sie erleben es nie mehr.

Es ist klüger, und man sollte annehmen, dass man in der Welt war, oder höchstens sein wird, aber nicht ist.

... und ob sie ihr Leben noch als Experiment betrachten können?

J: „Ich bin jung. Du erscheinst mir jung. Ich bin da. Du bist da. Die Welt ist da. Die Welt ist auch dort. Sie ist überall. Hier und dort. Dort wo Menschen sind. Dort auch wo keine Menschen mehr existieren können. Das Leben ist nicht nur da. Das Leben ist auch dort. Wir sind jung, wir sind in der Welt. Es hat uns niemand gefragt."

Forever Young

J: „Die Erde trägt mich,
Die Sonne wärmt dich.
Das Wasser erfrischt sie,
Er holt die nötigen Punkte beim Sport. Die Luft, die er atmet, ist gut.

Möge ich ein starkes Fundament haben,
Mögest du die Sonne im Herzen tragen.
Möge sie das Leitungswasser immer trinken können,
Möge er siegen, die Luft ist klar.

Wenn ich aufrecht stehe, gehe, wandere, trägt mich die Erde.
Wenn du nach dem Sonnentag, bei angenehmem Wind in der Mondnacht sitzt, bist du happy, satisfied.
Wenn sie das Leitungswasser trinkt und eine tägliche frische Dusche hat, ist sie erholt.
Wenn er Sport treibt, springt und Velo fährt, erzählt er nachher von guten Bedingungen, die Luft erwähnt er nicht.

Forever young –
Elementare Bedingungen, jung bleiben zu können.

Möge ich,
Mögest du,
Möge sie,
Möge er
Immer jung bleiben."

Gesten

Die beiden sprechen nicht sehr mit Gesten. Eine ruhige Unterhaltung trotz der Dringlichkeit ihres Themas. Sie haben Interesse aneinander. Sie sind das beste Beispiel, wie man eine Unterhaltung führen kann. Aber es wirkt nicht so, als würden sie es vorziehen, es in der Öffentlichkeit zu tun. Im Gegenteil. Wären sie dann schlechter? Müssten sie dann auf einmal Gesten und Zeichen zu Hilfe nehmen? Ich kann es mir nicht vorstellen. Hier müssen sie nicht auf sich aufmerksam machen. Sie haben sich. Sie sind ebenbürtig. Heute sagt man „auf Augenhöhe".

Da kommt mir dieses Geschehen in den Sinn: „Leute lieben Gesten und Zeichen. Sie fühlen sich dann offensichtlich gut. Doch nun kommen die Leute und fragen und fragen und machen irgendwelche Gesten und Zeichen. Das Gesprochene und die Gesten passen nicht zueinander. Was mache ich? Ich gebe Antwort und Antwort, ohne Geste, ohne Zeichen. Doch heute ist es mir passiert, ich habe mich vor der Person verbeugt. Ich weiss die Frage nicht mehr. Ich weiss die Gesten nicht mehr. Aber ich habe mich verbeugt. Als die Person weg war, habe ich es noch einmal geübt. Ich habe mich verbeugt vor der Strasse, dem Baum, der Blume, der Luft, dem Himmel. Diese Verbeugung war wohl richtiger."

Haare schön

Die beiden sind unterschiedlich. Klar, bei jung und alt. Männlich und weiblich. Die Haare der beiden könnten nicht unterschiedlicher sein. Der Herr hat eine Hinterglatze und sozusagen noch einen Kreis Haare darum, im vorderen Teil sind diese recht ausgedünnt. Sie hat sehr viele Haare, lang, doch sie trägt sie in der Regel zusammengebunden. Keine Coiffeurfrisur. So Rastahaare. Heute habe ich auch geschaut, nicht nur gelauscht. Ist das wichtig. Nein. Es ist mir aber aufgefallen. Sie haben auch nie über ihre Haare gesprochen, wohl aber über die äussere Erscheinung.

A: „… ich liebe das rein Äussere. Ich fasse eine Gestalt ins Auge, weil sie schön ist, anziehend oder was auch immer. Ich liebe ausschliesslich mit meinem Blick. Doch was würde es mir bringen, einen Menschen, den ich als *décor* liebe, näher kennenzulernen?

J: „… eigentlich verringerst du sie. Mit allem, was du ihnen an Äusserlichkeiten hinzufügst, verringerst du ihre Intelligenz."

Zuhörerin:

Du hast die Haare schön.

Models arbeiten mit mir.
Sie tragen ihre Haare schön.
Lang gewellt,
Doch mehrheitlich gestreckt mit dem Eisen,
Das ist jetzt Mode,
Farbe mit Glanz.
Ich denke: … du hast die Haare schön.

Meine sind grau,
mit etwas Schwarz noch;
ich habe noch genügend Haare,
keinen Glatzenansatz,
ich trage sie länger,

zusammengebunden, doch einige sind zu kurz zum Knoten –
jemand findet mich grauer im Gesicht und
eingefallener mit dieser Frisur.

Ich habe in jungen Jahren beim Tanz
einen Mann kennengelernt.
Er trug einen Vollbart.
Ein Älplertyp, habe ich gedacht.
Ich könnte schon mit ihm gehen, habe ich ihm gesagt,
doch der Vollbart müsste weg.
Ich möchte keinen Alpöhi.
Ich habe nichts mehr von ihm gehört.

Heute tragen die Jungen Vollbart.
Es ist Mode.
Niemand spricht von Alpöhis.
Vielleicht sagen sie zueinander: „… du hast die Haare schön."

Die ganz Alten,
Philosophen und Maler und Künstler von damals,
Sie trugen doch Vollbärte.
Sind nicht in der Sixtinischen Kapelle
Alpöhis abgebildet?

Die Männer hatten die Haare schön.
Es war „in" damals.
Und ihre Philosophinnen, Frauen und Dienerinnen?
Von denen ist keine Rede.

Im Hotel

Ich bin nicht im Café, kann den beiden nicht zuhören, ich habe Ferien. Beim Morgenessen hier im Hotel setze ich mich in den unteren Teil des Raumes an die grosse Fensterfront. Meistens zieht es meinen Blick nach draussen. Ich erlebe eine wunderschöne Woche hier, auch was mein Tun hier ausmacht. Ich meine aber im Wesentlichen das Wetter, natürlich gehört die wunderschöne Landschaft dazu und die Luft. Schon oft habe ich gehört von diesen Farben im Herbst hier oben. Noch nie habe ich es erlebt. Wenn ich am Nachmittag draussen sein kann, meistens wandernd unterwegs bin, dann bin ich in diesem Wunder, denn es ist schön, schön, schön.

Heute geht mein Blick an die gegenüberliegende Wand. Zwei Bilder sind in meinem Blickfeld. Ich gehe näher, ich glaubte, es seien Fotos, es sind tatsächlich gemalte Bilder, so wie es mir meine Nachbarin sagte. Der Stil erinnert mich an den amerikanischen Maler Hopper. Realistisch, doch an Einsamkeit denke ich nicht. Dem einen sage ich spontan: „… Eher ein männliches Bild." Dem anderen: „… eher ein weibliches Bild." Eine schnelle Einteilung von mir. Die beiden Bilder interessieren mich im Zusammenhang. Wer hat sie ausgewählt und ausgerechnet diese Bilder nebeneinander aufgehängt? Die beiden Personen machen etwas vollständig Unterschiedliches.

Auf dem „männlichen" Bild fährt ein Auto, ein Oldtimer, eine Bergstrasse, einen Pass hinauf. Rundum Berge, beleuchtet von der Sonne. Vermutlich Morgensonne, die Sonne erreicht erst die Höhe der Berge. Es ist frisch am Tag. Der Insasse, der Autofahrer ist nicht zu erkennen. Das Auto ist rot, und es ist ein sportlicher Oldtimer. Das Auto hat Kraft, so scheint es mir, auch wenn es ein Oldtimer ist. Genauso stelle ich mir auch den Lenker vor. Kräftig, jung, sportlich. Er wird sich keine grossen Sorgen im Leben machen müssen. Er wird gut über den Pass kommen. Vielleicht ist er bereits früh am Morgen auf einer kleinen Spritzfahrt.

Auf dem zweiten Bild sehe ich eher eine intime Szene, obwohl eine alltägliche dargestellt ist. Eine Hotelangestellte, früher Zimmermädchen genannt, macht das grosse Bett. Sie beugt sich tief darüber. Es ist auch kein Einzelbett. Mit der einen Hand streicht sie über die Bettdecke unten. Mit dem anderen Arm hält sie einen grossen Falz fest umfasst. Ich glaube, sie streicht liebevoll über die Bettdecke unten, oben hat sie den Falz fest eingeklemmt. Im Hintergrund ein Fenster, Berge, die erst zuoberst beleuchtet sind. Etwas Licht dringt ins Zimmer und fällt auf den unteren Teil der Bettdecke. Eine hübsche junge Frau. Sie ist vertieft in ihre Arbeit. Sie hat ein Lächeln auf dem Gesicht, gleichzeitig scheint sie nachzudenken.

So, nun habe ich den Anfang eines Romans geschrieben. Wenn Sie Fantasie haben, Figurenentwicklung machen, können Sie ihn fertig schreiben.

Zwei Personen, eine Szene wie im Roman. Doch vielleicht könnten diese Personen sich ja entwickeln. Zu „meinen" zwei Personen werden?

Vielleicht.

Ich weiss nicht so recht …

Japanische Tuschzeichnung

Auch dieses Bild habe ich gesehen. Nicht im Hotel. Aber in dieser Woche. Vielleicht bin ich durch meine Freizeit bildaffiner geworden.

Ein Vogel,
Ein grosser Vogel
Mit hohen Beinen,
Auf Augenhöhe des Menschen.

Kälte

Die Ferien sind vorbei. Nun ist es kalt. Ich war krank. Jetzt kann ich wieder einen Spaziergang machen. Ich mache ihn auch im Nebel und in der Kälte.

Nebel und Kälte

Der Boden ist feucht,
Die Blätter kleben am Boden;
Rosskaki ist nass und auf dem Boden verwischt.
Es ist ruhig,
Weit entfernt das Geräusch eines Flugzeuges,
Entfernt auch das Zwitschern eines Vogels.
Es ist wieder ruhig.

Keine Menschen, die mir begegnen,
Niemand geht mit seinem Hund spazieren.
Ich bin allein.
In den Häusern brennt das Licht,
Es ist nachmittags um vier.
Was machen die Leute?

Niemand in den Schrebergärten,
Die Fahnenstangen ragen heraus.
Der Stoff der Fahne ist nass und hängt herab,
Er ist ausgefranst.
Fast scheinbar wird er von einem Lüftchen bewegt.

Die letzten Hagebutten und Rosen sind schön,
Noch nicht verblüht und gut konserviert.
Ihre verschiedenen Rot nebeneinander
Harmonieren.
Ich werde noch öfters bei ihnen vorbeischauen.

Entfernt ein Baum,
Breit wie eine Wand.
Nah seh ich es erst,
Es ist nicht einer,
Es sind drei.

Sie tragen noch Blätter,
Der erste viele,
Der mittlere am wenigsten,
Der dritte am zweitmeisten.

Weiter unten gehen zwei Menschen.
Die Frau hat sich eingehakt beim Mann,
Sie geht nah bei ihm.
Der Mann geht nah bei seiner Frau.
Sie haben die Kapuzen hochgeschlagen.
Ich meine auch,

Sie schlenkern ihre freien Arme nicht,
Sie haben die Hände in den Taschen.
Ich habe meine Hände in den Ärmeln
des Mantels zurückgezogen.
Ich sehe die beiden nur kurz,
Schon sind sie verschwunden im Nebel.
Ich gehe langsam
Im Nebel.

In den Gärten die ersten Weihnachtsbeleuchtungen,
Sterne und Lichterketten
An Bäumen und Fenstern,
An Rahmen und Gestell.
Im Haus drin
Das Geländer der Wendeltreppe
Das ganze Haus hinauf beleuchtet,
Eine Frau allein in der Küche am Kochherd.
Das Geräusch dieses Flugzeuges ist näher,
Das Gezwitscher dieses Vogels auch.

Ich höre beides deutlich, es ist nah am Boden.
Ich sehe beides nicht.

Warum gibt es bei Nebel so viele Flugzeuge?
Warum sind noch so viele Vögel hier?
Es wird früh dunkel,
Die Strassenlampen werden früh angemacht.
Der Nebel ist auch am Licht oben,
Der Lichtstrahl teilt ihn.
Man erkennt den Tropfen der Feuchtigkeit.

Die Tropfen fallen nicht herab,
Sie bewegen sich nur im Lichtstrahl oben.
Die Strassenlampen hangen heute auch höher als sonst.
Das Bellen eines Hundes,
Hoffentlich wird er nicht direkt
aus dem Nebel herausspringen
Zu mir.
Er war so laut,
Jetzt ist das Bellen verschwunden.
Die ersten zwei Menschen nun, die mir begegnen,

Ich spreche sie an,
Was nicht mein Naturell ist:
Auf meinen Spaziergängen bin ich
oft in Gedanken versunken.

Wir sprechen von der Anlage
für Stromerzeugung auf dem Dach,
Wir sprechen über die Heizung und die Wärme,
Nichts Persönliches.
Es tut mir gut.
Wir sprechen darüber, wenn die Heizung aussteigen würde:
Keine Wärme im Haus,
Kälte auch drinnen.
Wer wollte schon so sein?
Auch nur für einige Tage.

Like a Rolling Stone

Fortsetzung von Kälte und Nebel

Wie fühlte sich das an?
Wie fühlte sich das an?
Im Winter im Haus ohne Heizung,
Im Winter im Haus, und es ist bitterkalt.

Wie fühlte sich das an?
Gar ohne Wohnung zu sein
Wie eine völlig Unbekannte,
Wie eine Entwurzelte.

Wie fühlte sich das an?
Am Tag ohne Wohnung,
In der Nacht ohne Wohnung,
Immer draussen in der Kälte.

Wie fühlte sich das an?
Ganz allein zu sein,
So ganz ohne ein Zuhause.

Es ist klar, du würdest dich mit diesem mysteriösen
Herumtreiber kompromittieren.
Es ist klar, er würde dir nichts vormachen,
Wenn du in die Leere seiner Augen starren würdest
Und ihn fragtest: „Willst du ein Geschäft machen?“

Wie fühlte sich das an für all die elegant Gekleideten,
Die in ihrer grossen Zeit den Bettlern einen Dime zuwarfen?
War’s nicht so?
Die tranken und dachten, dass sie es geschafft hätten,
Die lauter teure Geschenke austauschten,
Die ihre Diamantringe nicht zu verpfänden brauchten.

Für all jene, die sich amüsierten und leicht sagten:
„Wenn du nichts hast, kannst du auch nichts verlieren."

Wie fühlte sich das an für sie?
Wenn sie ihre Häuser verlassen müssten.
Wie fühlte sich das an für sie?
Ohne ein Zuhause zu sein.

Wie fühlte sich das an?
Vertrieben wegen Krieg,
Vertrieben wegen Umweltkatastrophen.
Wie fühlte sich das an?

J: „Dieses Lied, den Text, habe ich leicht abgeändert."

A: „Der Sänger ist mehr in meinem Alter. Die Musik und die Wortschöpfungen dieses Liedermachers schätzen meine Generation, eure Generation und wohl weitere, die folgen."

Monate sind verstrichen

J: „Monate sind verstrichen seit meiner letzten Aufzeichnung dieses Liedes. Mein Verstand hat geschlafen. Ich war wohl müde. Ich habe gelebt, ohne zu denken. Eine Empfindung von Glück hat mich begleitet. Und trotzdem bin ich wieder zu der zurückgekehrt, die ich bin. Es ist auch schwer. Dieses Umweltthema beschäftigt mich. Es beschäftigt die Jugend. Es beschäftigt nicht sehr die Alten. Und manchmal werde ich müde. Es ist so wie bei einem grossen Gehöft, das in der Mitte eine leere Tenne hat. In beiden Teilen dieses Gehöfts findet das Leben der Menschen statt. Die leere Tenne hat keine Bedeutung. Sie ist einfach da. Die Menschen scheinen die Anwesenheit dieser Tenne nicht zu realisieren. Doch genau in dieser Tenne bekämen sie die Antwort auf die dringliche Frage des Umweltthemas.

„… und was treibt dich um?"

A: „Ich wünschte mir von der Muse geküsst zu werden. Nicht für den Anstoss, dass ich ein ästhetisches Bild male oder ein Lied komponiere. Sondern um wach zu bleiben. Nicht eingeschläfert werde von persönlichen Themen oder irgendwelchen Beziehungsgeschichten. Diese Wachheit und Klarheit würde es ausmachen, dass euer Thema mir stets am dringlichsten wäre. Das Umweltthema das dringlichste ist."

Aber es ist anders bei mir. Ich habe vom Tod gehört, ich bin alt, also geht der mich an:

Sie war alt.
Ein gesundes Leben,
Ein erfülltes Leben,
Es könnte doch ewig dauern.
Spät hat sie an den Tod gedacht,
Doch der liess sich dann auch seine Zeit.

Ich kann Verpasstes nicht mehr nachholen, und das beschäftigt mich:

Sie ist gegangen,
Kein Adieu,
À dieu – zu Gott gegangen.
Sie wäre gescheitert.
Gescheitert ist sie mit oder ohne Gott.
Aus unserer Menschensicht
Wünsche ich mir ihre Rückkehr.
Es ist zu spät.
„Es hat noch keiner genug geliebt“, schreibt er.
Wäre sie geblieben,
Wäre sie noch da.
Aber was für eine Liebe wäre nötig gewesen?
Das, wenn es die Liebe nicht gibt.
„Oder hätte eine Lüge genügt, die so gross ist
wie die Schöpfung?“, so wie er schreibt.
Aber was, wenn ich zu so einer
solchen Lüge nicht fähig bin?

Mich beschäftigen Beziehungen und das Gefühl von zu wenig Sorge getragen haben für einen Menschen, dessen Leben unglücklich endete. Ich freue mich mit dir zu sein und zu sprechen. Das in immer wiederkehrendem gleichen Rhythmus. Ich werde wohl von der Muse nicht mehr geküsst. Du schon. Und ob dies gut ist, dass ich dir das wünsche? Ist es nicht eher die harte Arbeit, die das Resultat bringt? Es tönt aber gut. In deinem Falle wäre es der Muserich. Hier in diesem Sonett von Shakespeare sind nur drei Worte geändert: Muserich anstelle Muse, sie anstatt er, er anstatt sie:

Wo bist du, Muserich, der vergass zu preisen
Seit Langem sie, die alle Kraft dir gibt?
Vertust du deinen Schwung in leeren Weisen,
Dass schlechter Inhalt deine Stärke trübt?

Kehr um, vergessner Muserich, einzubringen
Verlorne Zeit durch manchen bessern Song
Dem Orte, der dich schätzt ein Lied zu singen,
Das deinem Wort Gehalt und Form errang.

Auf, träger Muserich, prüfe, ob nicht schon
Die Zeit grub Furchen in ihrAngesicht.
Und tat sie es, sprich der Vernichtung Hohn.

Mach ihren Raub verachtet im Gesicht.
Verklär sie rascher, als ihr Leben schwindet,
Dass Schutz sie vor den Zeiten sicher findet.

Ich will mit dir hoffen, nicht aber mehr so bangen. Würdest du mir klagen und ich wüsste sogar, dass diese Klage stimmt, würde ich dir dann lapidar antworten: „... das ist auch schon geschehen." Wohl aus dem Grund, da ich mit dem Alter zu sensibel geworden bin, ich nicht mehr alles aushalten kann. Das heisst auch, dass ich mich nicht mehr so einbringen kann für eine Sache. Es ist eine Tatsache, dass ich schwach bin. Daher lebe ich oft mit Erinnerungen. Und wenn noch jemand mit mir darüber spricht und sich austauscht, dann sind sie wirklicher. Wenn jemand mit mir über ein aktuelles Geschehen spricht, erst dann ist es passiert. Die Bahn, der Ort, die Kinder, alles ist dann nicht nur in meinem Geist. Auf einmal hupt die Bahn, der Ort lebt und lockt, die Kinder haben mehr an Eigenheiten und versprechen die Zukunft. Es ist, als könnte ich wieder teilhaben, obwohl ich es nicht tue. Das ist eine Trägheit von mir, die ich nicht mehr überwinden kann. Und doch hoffe ich und bitte für dich und die Jungen, dass ihr nicht ermüdet und euren Weg tapfer geht und für das Recht der Umwelt einstehen könnt.

Erinnerungen, Wunder der Zeit, die bleibt,obwohl sie bereits vergangen ist. Jawohl, was ich bin, wäre unerträglich, könnte ich mich nicht erinnern, was ich war. Doch ich spreche jetzt. Ich erinnere mich jetzt. In meinen alten Jahren. Wie war meine Erinnerung früher, als ich die Hälfte an Jahren zählte? Das kann ich nicht genau sagen. Denn tatsächlich ist es nur ein gelegentlicher Duft oder Ton oder ein Sekundenteil einer Begebenheit, der in mir den Vorhang wirklich frei macht auf meine Erinnerungen. Mit dir ist es aber die Zukunft, die auf einmal lebt. Jetzt. Obwohl sie nicht jetzt ist. Sie spricht, wenn du sprichst, sie lacht, wenn du lachst, und sie ist traurig, wenn du traurig bist. Also ist sie jetzt für mich. Es ist die Zukunft auf der Erde, nicht die im Grab.

Zuhörerin:
Ich möchte ab und zu Zuschauerin meiner selbst sein. Wäre das nicht spannend? Ich würde nicht erreichen eine völlig neutrale oder gar gleichgültige Zuschauerin meiner selbst zu sein. Auch mit zwei normalen Augen nicht. Und gar der Enttäuschung den Blumenstrauss reichen, so wie er es ihr sagte, als ich lauschte. Reicht sich Gott auch einen Blumenstrauss bei all den vielen Enttäuschungen?

Nacht, du Freund des blinden Gottes

Nacht, du Freund des blinden Gottes,
Bring mir meinen Freund.
Tag, du Freund des sehenden Gottes,
Lass das grosse Auge auf der
Stirn Gottes verschwinden
Und schenke ihm zwei ganz normale.

Oldtimer

Zuhörerin: Oldtimer, was du in mir ausgelöst hast!

Der Rabe

Ein Rabe schwarz sitzt auf dem Dach,
Starr, ruhig, so lange in dieser Kälte.
Ist dies ein Zeichen, bringt er Ungemach?

Er sitzt und sitzt und sitzt,
So ruhig sitzt er weiter immer.
Die Kälte macht ihm nichts.

Ich seh kein' Hals, kein' Fuss, kein' Zeh,
Er sitzt auch abgewendet.
Ist er ein grosser, schwarzer Klumpen?
Der mir bringt viel Unheil, Ungemach?

Schwarz, Schwarz ist seine Farbe,
Wetzt nun gar den Schnabel an dem Dach.
Ja, Ungemach bringt er, ich weiss es aus der Fabel,
Gespenstisch sein Gehabe.

Er klopft und klopft
An Dach und Fensterdach.
Nicht doch!
Was muss ich tun, ach, ach,

Er klopft und klopft!
Jetzt noch mehr, noch sein Geschnabel,
Klopf-Getratter, Klopf-Geschnabel,
Klopf, klopf, klopf, klopf.

Das eine Fensterdach ist offen,
Getratter und Geschnabel
Bei mir so nah, da oben.
Das Unheil, Ungemach, es kommt,
es kehrt nicht um.

Ich hab doch nie gross
Gestohlen, gelogen, betrogen.
Wenn ich den Raben nun verscheuch,
Dann ist das Ungemach verflogen.

In meiner Pubertät
Mein Freund damals hat es gezeichnet,
Ein Baum mit sieben Raben
In den Ästen.
Die Zeichnung eines grossen Knaben.

Brr, brr, grr, grr, das sind nicht sieben,
Das ist einer.
Sechs sind weg, ein gutes Omen.
Der letzte sicherlich
Beharrlicher, alles wissend und gemeiner.

Das zweite Fensterdach ist nun offen,
Geöffnet unbedacht von mir.
Grr, grr, brr, brr, er kommt hereingeflogen,
Wind, Flügelschlag, er ist gekommen.
Er meint mich,
Er setzt sich auf den Plexiglasbaukasten
Des selbst gebastelten Autos. Der Oldtimer.
Ach, er weiss so sehr um meine Lasten,
Unaufgeregt, ruhig und auch sicher
Bringt er mir die Botschaft:
Hab Erbarmen, will mir zeigen
meine Mängel, meine Lasten.

Jetzt hebt er etwas seinen dicken Kopf
Und schaut mich fest und ruhig an
Mit seinen schwarzen Augen.
Vorbei das Klopfklopf.
Ja doch, er ist human,
Ich kann ihm füttern süsse Weintrauben.

Er schaut mich an,
Ich schau ihn an.
Er sitzt mir gegenüber,
Der Vogel mir auf Augenhöhe,
Mir ist, das Ungemach entflöhe.

Noch einmal setzt zurecht er sich
Auf dem „old time",
Schaut zu mir
Sicher, gelassen, ruhig,
Als will er sagen: „… es kommt gut.
Sei sicher, gelassen, ruhig."

A: „Angst als belanglos erachten deutet auf Weisheit hin. Wie oft bleibe ich nicht stehen, anstelle von Angst niedergezwungen zu werden, zögere ich, ehe ich aufbegehre. Welche Angst ist die schlimmste? Die Angst vom Leben erstickt, gefesselt zu werden? Zukunftsangst? Oder Angst vor dem nächsten Zahnschmerz? Es ist, als ob alle Menschen eine Angst haben. Sie ist in ihnen drin. Und meistens zeigt sie sich dann, wenn es am ungelegensten ist, es nicht nachvollziehbar ist für andere."

J: „Ich versuche ein Bild hervorzuholen, das mir über meine Angst hinweghilft. Es ist das Bild vom Meer. … oder ich denke an den Sommer, es ist eine tiefe Freude."

Sommer

S: Sonne, frühmorgens bis spätabends bist du da.
O: Obzwar wir mittags ins Haus gehen oder unter den Baum, da ist es nicht zu heiss.
M: Meer, wir liegen und spielen am Meer und schwimmen.
M: Meer, mir ist, als seist du immer, unsere Unendlichkeit.
E: Ein Bild, das ich für mein Leben habe, das Meer.
R: Regen, fall doch zur Nachtstunde, denn von dir erben wir das Grün.

Pardon, Paradies

J: „Es ist nicht von mir, es ist von meinem Schulkollegen. …

Herzliches Beileid!
Wir sind und waren nie, so leid es mir tut,
Die Krone der Schöpfung.
Nicht mal der Zack oder der Splitter eines Zackens,
Nur gefallen aus der Krone.
Pardon.
Nicht ernsthaft sind wir
Wofür auch immer verantwortlich zu machen.
So leid es mir tut,
Wir überschätzen selbst die Auswirkungen unsrer Irrtümer,
Wenn das keine gute Nachricht ist."

A: „… und wir können weitergehen, wenn wir den Unsinn vom Anfang und vom Ende begraben."

Quelle

A: „Wir können in jedem Buch bei zitierten Stellen nachschauen, von welcher Quelle sie stammen. Die Erzählungen der Antike mit ihren Sagen und ihren Mythen gehören zu den ältesten. Da kann ich über die ganze Breite des menschlichen Geschehens lesen. Was würde die Antike über uns im Jetzt sagen, wenn sie sprechen könnte?

Antike, wir haben deine Geschichten,
Doch du schweigst.
Lachst du dir ins Fäustchen,
Ob der sich immer wiederkehrenden Geschichten
Und der Ignoranz der Menschen der Natur gegenüber?
Haben wir deine Geschichten
Zu gefällig ausgelegt,
Dass wir nichts gelernt haben?

J: „In unserem Tal gibt es einen Fluss, einen ursprünglichen Fluss. Ich gehe ihm gerne nach. Er verläuft nicht grade in einem Flussbett, das technisch so ausgebaut wurde. Er schlängelt sich. Er macht manchmal grosse Kurven. In der Fläche oder der Länge des Tales nehmen die Flusskurven manchmal eine rechte Breite ein. Manchmal ist es nicht möglich, ganz dem Fluss nachzugehen. Ich muss als Abkürzung an einer Stelle durch ein Wäldchen gehen. Da drinnen kann man stürzen, es ist verwurzelt, voller Beerenstauden und allerlei Geschlänge, an dem der Fuss einhaken kann. Es gibt Fischer an dem Fluss. Eine Langlaufloipe geht nah an gewissen Orten dem Fluss entlang. Wenn man nicht Zeit hat, lohnt es sich nicht, dem Fluss entlangzugehen. Es könnte sein, dass man in bestimmten Monaten an gewissen Orten wegen Naturschutzgebiet dem Fluss nicht nachgehen kann. Und die Bauern wollen auch nicht, dass man das Gras vertrampt.

Trotzdem bin ich einmal dem Fluss entlanggelaufen bis zur Quelle. Am Schluss ging es den Berg hoch. Ich hatte mir die Quelle grösser vorgestellt. Es war eine kleine Quelle. So viel Wasser in diesem Fluss. Aber die Quelle gibt stetig. Was für ein Glück. Der Fluss hat manchmal weniger Wasser, manchmal viel. Trocken war er noch nie. Es ist für mich normal, dass es Wasser gibt. Dabei gibt es Gebiete, die ausgetrocknet sind, dürr, und die Menschen müssen weg. Meine erste Quelle war diese, die ich gesucht habe. Sie liegt schön, sie macht frisch, das Wasser kann durch ein schönes Tal fliessen. Wir können das Wasser trinken. Was wäre das Tal ohne diesen Fluss. Nicht vorstellbar. Ja, Quelle, mach weiter so! Du machst es gut!

Die Quelle kann sich nicht fragen, warum sie da ist. Wer sie dahin bestimmt hat. Sie ist einfach. Und ich konnte mich bis jetzt einfach wohlfühlen. Ich musste nie viel nachdenken oder mir Sorgen machen. Die Natur hat es gut gemeint. Ich durfte bis jetzt einfach sein und konnte mich während meines Gehens am Flusse in angenehmen Gedanken verweilen.

Wie war mein erster Klang,
Wie war meine erste Farbe,
Wie war meine erste Blume?

Die erste Blume,
Violette kleine Kugel-Primel.

Ich rieche sie gerne,
Ich finde sie schön.

Leg dich im Frühling
Ans sprudelnde Bächlein
Und ins Strohgras vom Herbst
An die Sonne
Neben mich.

Riedgras

Zuhörerin:

Das Riedgras ist gesunken
Die Fläche ist mit Schnee bedeckt
Wie die Träume
Von früheren Helden

Lass uns also den Schnee schauen
Heissen Punsch trinken
Oder kaltes Bier
Taumeln mit den Schneeflocken
Ja, das Riedgras hauste hier

Im nächsten Jahr
Im grünen Grase
Sollen wir alle wieder spielen
Und uns vergessen dabei
Wir verraten uns doch
Man wird merken
Wessen Geistes Kind wir sind

Lass uns also spielen

Spaziergang

A: „Dein Spaziergang bis zur Quelle, es freut mich für dich, du warst zwar alleine unterwegs, doch es hat etwas speziell Anrührendes für mich. Ich gehe jeden Tag spazieren. Oft kann ich nicht mehr genau sagen, was ich gesehen, gehört habe. Klar, Auffallendes schon. Meinem Nachbarn bin ich begegnet. Der Schnee wurde nicht weggeräumt. Das Kind lag auf dem Trottoir und weinte. Die Hunde sind nicht an der Leine. Ich bin mit meinem Körper beschäftigt, er ist zerbrechlich, ich muss mich auf meine Gehstrecke konzentrieren."

Z: „Während einer Ferienwoche habe ich ab und zu aufgeschrieben, wie mein Spaziergang war. Nicht oft. Es ist ungewöhnlich für mich. Als ich es gelesen habe, dachte ich, dass man merkt, da ist eine ältere Person unterwegs. Anders als dein Spaziergang dem Fluss entlang.

Auf der Brücke steh ich, unten der Fluss,
Das Wasser fliesst und gurgelt zuweilen,
Eine leichte Brise weht.
Der alte Mann, der kommt, er geht an Stöcken.

Er läuft gebückt und vorsichtig,
Die Frau wartet auf ihn.
Er richtet sich auf und grüsst mich und schaut mich an.
Erstaunt bin ich und grüsse freundlich zurück.

Wortfetzen kommen zu mir:
„... les autres", Französisch.
„Hast du gehört?", Hochdeutsch.
Das Wasser fliesst, es gurgelt und plätschert.

Ein Auto fährt vorbei, langsam,
Ein Rücksicht nehmender Lenker.
Der Wind hat zugelegt, er ist
Nun forscher und kälter.

Zwei Vögel, sie zwitschern und trällern,
Ich gehe weiter.
Das Wetter schlägt um, noch scheint die Sonne,
Erste Bedeckungen am Himmel, etwas müde bin ich.

Hohe Berge, entfernt, umkreisen den Ort.
Die Glocke schlägt die Zeit, die Sonne scheint.
Den Fluss seh ich nicht mehr,
die Geräusche des Wassers sind da,
Es sprudelt und gurgelt zuweilen.

Kindergeplauder, Kindergeschrei,
Eine mahnende Erwachsenenstimme.
Eine Tür wird geschlossen, im Haus über dem Bach
Wäsche an der Leine,
Bald muss sie hereingeholt werden.

Ein Vogel, der kreist hoch oben.
Jetzt steh ich vor dem Haus.

Es ist geschlossen, klar, die falsche Zeit.
Ich gehe näher, kalt ist es hier.
Es steht im Schatten, die Geräusche verschwinden.
Das Haus hat noch Vorfenster,
darin zwei seltsame Ausstellungen.

Ein Gebilde aus Messing,
ein länglicher Stiel mit einer Rundung,
Diese Rundung geviertelt und alle Viertel mit Sonnen;
Auf dieser Rundung eine Mondsichel,
ein Kreuz und ein Kreis.

Im zweiten Fenster ein Bäumchen, eine Tanne,
Braun und aus Holz;
Es erinnert mich an den Weihnachtsbaum.

Vor diesen Fenstern tanzen rote Blütenblätter im Wind,
Einige werden abgehängt und fallen auf den Boden,
Die anderen bleiben haften,
zum Teil hangen sie in Spinnennestern.
An der rechten Wand ein Schild, ein Wandervorschlag.

Trotzdem Freude

A: „… ich habe trotzdem Freude. Die Freude hat sich vertieft.

Ich wäre gerne alt und weise. Das hört sich gut an. Ich bin es nicht. Alt bin ich, weise bin ich nicht. Ich bin zu eigenbrötlerisch, manchmal auch mürrisch, und ich mache viele Fehler, die ich früher auch gemacht habe. Nicht immer. Heute habe ich von mir gedacht, dass das weise war:

Ich hatte hie und da Ärger mit ihr. Sie hat es nicht gemerkt. Sie erzählte einfach irgendetwas und ging darüber weg, ich habe mich geärgert. Ich konnte sie nicht verstehen.

Heute ist sie mir nach langer Zeit über den Weg gelaufen, und ich freute mich. Das wäre mir früher nicht passiert. Doch ich habe mich gefreut, dass etwas noch da ist. Nicht weg ist, nicht gegangen ist. Das war dann halt sie, als Person.“

J: „… trotzdem Freude!?

Ich finde, man sollte nicht mehr unbedingt Kinder haben. Was für eine Zukunft werden sie haben? Es gibt genug Kinder auf der Welt. Nach diesen sollte man schauen. Es gibt zu viele Menschen auf der Welt. Darf man noch nicht über dieses Thema sprechen?

Heute war ich auf dem Spielplatz mit meiner Freundin. Ich habe Väter und Mütter mit ihren Kindern gesehen. Einige Kinder haben nur Mütter, andere Väter, andere Mutter und Vater und andere zwei gleichgeschlechtliche Partner. Es scheint nicht mehr, dass das nur Mutter und Vater als Paar können. Sie alle haben mit ihren Kindern gespielt. Sie sind sehr gut zu ihnen. Man kann es nicht besser machen. Da habe ich mich gefreut. Für die Kinder. Ich hatte so ein gutes Gefühl, was die Zukunft von den Kindern betrifft, die sie schon bald mitbestimmen werden.“

Zuhörende Person: „… trotzdem gefreut!?

Ich möchte sprechen, wie ich als Kind gesprochen habe. Doch wie habe ich als Kind gesprochen?

Mein Grosskind war bei mir. Sie ist lebhaft. Am Mittag war es hektisch: Kochen, Spielen, Erzählen, Rollenspiel. Da musste ich wohl in mich hineingebrummelt haben und war unzufrieden.

Mein Grosskind sagte zu mir: ‚Ich bin friedlich, du aber nicht, Grosi.'

Da habe ich innegehalten. Sie hat es gut ausgedrückt. Sie hat mich korrigiert, ohne mich zu verletzen. Ich habe mich darüber gefreut."

Uns geht es gut

Uns geht es gut,
Doch das kann sich plötzlich ändern.

Sind wir krank
Und könnten bald sterben,
Tröstet uns nicht das Geld,
Eher Freunde und Familie
Oder die Natur
Und meine Erinnerungen.

Sind wir krank,
Haben wir trotzdem gerne ein sauberes Heim.

Nie ist ein Toter zurückgekommen,
Was philosophieren wir also über den Tod?
Schmerzen und Sterben, davor kann man Angst haben.

Kollaps und Sterben unseres Planeten
sollten uns mehr bewegen,
Über das eigene Sterben und die Schmerzen
Kann ich eine selbst verfasste Patientenverfügung ausstellen.

Verlegenheit

A: „Ich lebe eigentlich immer im Vorfrühling, im Vorsommer, im Vorherbst oder im Vorwinter. Frag mich nicht, warum. Wenn mir jemand sagt: ‚Dieser Sommer ist schon heiss', dann sage ich: ‚Aber wir leben erst im Vorsommer.' Und manchmal lebe ich im Vorfrühling, obwohl es Vorwinter ist. Ich bin einfach nicht dort, wo die anderen sind. Was das soll? Ich weiss es nicht. Und trotzdem lebe ich mit dem Wetter. Ich schaue Wettervorhersage. Nur dass es dann bei mir doch etwas anders ist als vorhergesagt. Und wenn dann die Wettervorhersage von heftigem Gewitter im Sommer erzählt, dann geht das mich nichts an, ich lebe ja im Vorwinter. Dieses Wettergebaren hatte ich früher nicht, das hat im Alter zugenommen. Ich erzähle dir das nicht gerne, doch so ist es bei mir. Ich hoffe, dass dies meinen Eindruck bei dir nicht allzu fest schmälert. Das Gute ist, wir Alten dürfen diese Eigenheiten haben. ‚Er ist auf das Alter etwas eigen geworden', solche Sätze kann man ja lesen. Aber es hat wohl auch diesen Grund:

Riesen und Räuber,
Ungeheuer und Teufel
Seh ich in den Wolken.

Ich betrachtete sie lange,
Ich betrachtete sie oft.
Manchmal am Abend
Beruhigte mich das schöne Abendrot.

Was habe ich so lange geschaut?
Damit meine Zeit verbracht,
Dass Riesen mengenhaft,
Wolkenungeheuer ungeheuerlich werden.

Und wenn ich mich mit dem Riesen unterhalte,
Wenn er sich verändert,
Wird er freundlicher oder grausamer werden?

Ich weiss nicht,
Was wird daraus,
Wenn Dinge sich verändern?

Auch junge Leute haben Angst vor der Zukunft. Doch sie können noch etwas verändern. Sie haben die Kraft dazu. Wenn sie fallen, dann brechen sie sich nicht gleich die Knochen. Wenn sie etwas brauchen, telefonieren sie und haben keine Wortfindungsstörungen. Klar, das ist jetzt etwas dramatisch gezeichnet, doch es geht in diese Richtung. Hätte ich eine Tochter wie dich, sie hätte Angst und Zweifel, ich würde sie unterstützen und anfeuern. Aber bei mir selber in diesem Alter … Ich habe schon gehört, wie Junge sich gegenseitig anfeuern, und das hat halt eine andere Sprache als bei mir:

Was ist mit dir?
Schau nicht so ernst und böse,
Du bist so unnahbar und depressiv,
Schau fröhlich in die Welt.

Was ist mit dir?
Du kannst alles haben,
Die Welt liegt vor dir,
Warte nicht zu.

Aber nicht mit diesem Gesicht,
Baby, setz dich erst mal hin,
Atme tief, atme tief,
Zähle erst mal deine Finger.

Wann, wenn nicht jetzt,
Baby, die Zeit geht schnell.
Los, lache, sei gesellig,
Verpass nicht das Leben.

Was ist mit dir?
Kämpfst du mit dir?
Es scheint mir so.
Komm, Baby, zu mir.

Ich tröste dich,
Und du schaust ernst.
Ich küsse dich,
Und du willst nicht.

Die Welt dreht sich weiter,
Auch wenn du nicht willst.
Du wirst alt,
Und du hast nicht gelacht.

Baby, Baby, zeig es allen,
Du bringst es weit,
Du kämpfst dich hoch,
Ich glaub an dich.

Los, Baby, los,
Ich lass dich alleine,
Du schaffst es,
Du alleine, du alleine,
Auch ohne mich."

J: „Bei mir spielt das Wetter noch nicht so eine grosse Rolle. Es ist schön oder nicht. Klar, im Sommer, dann baden wir. Im Winter gehen wir Ski fahren. Aber ich gehe nicht im Vorwinter Ski fahren oder gar im Vorwinter baden. Noch haben wir die Jahreszeiten. Vielleicht gleichen sich diese bald immer mehr an. Freuen wir uns, dass wir diese haben. Doch in Gedichten und im übertragenen Sinn spielt das Wetter eine Rolle. So würde ich es dir vielleicht sagen:

Jemand hat erzählt,
Es ist ruhig vor dem Sturm.
Hast du den Regen gesehen?
Jemand hat erzählt,
Der Regen ist ruhig.

Kommst du zu uns,
Bevor der Sturm kommt?
Kommst du zu uns,
Wenn der Regen fällt?

Der Regen ist ruhig,
Wir heben den Kopf
Und schnuppern in die Luft,
Wenn der Regen auf den Asphalt fällt.

Es wird einen langen Tag regnen,
Einen langen Sommertag lang.
Kommst du zu uns,
Bevor der Regen kommt?

Du kannst bei uns schlafen,
Du kannst das Fenster öffnen,
Du kannst das Rauschen des Baumes hören,
Das Säuseln der Blätter.

Kommst du zu uns,
Bevor der Regen kommt?
Bist du bei uns,
Wenn der Regen fällt?
Kommst du zu uns,
Diesen Sommertag lang?
‚Endlich' – sagen wir,
Der Regen fällt.

Ein Hauch Frische wird bleiben
Für uns beide,
Grund, fröhlich zu sein.
Komm zu uns, wenn der Regen fällt."

Zuhörerin: „Wenn die beiden sich unterhalten, wirken sie nicht verlegen. Wohl treten Gesprächspausen ein, aber das hat nichts mit Verlegenheit zu tun. Sie wollen gründlicher nachdenken und in sich hineinhorchen. Vielleicht täusche ich mich. Es könnte ja sein, dass sie auch eine Verlegenheit übergehen möchten. Das wäre aber schon ein ruhiges Übergehen der Verlegenheit.

Ich habe schon vor Verlegenheit geschwiegen, vor Verlegenheit gezittert. Aber in Verlegenheit geschwelgt, so wie er schreibt, das habe ich noch nie. Kann man das? Ich habe noch nie so tief darüber nachgedacht."

Weil ich ...

A: „Ab einem bestimmten Alter können wir unser Verhalten nicht mehr ändern. Verfestigt. Manifestiert.

Die meiste Zeit ist vorüber,
Die meiste Zeit bleibt mir nicht mehr,
Die meiste Zeit ist vorbei,
Wie habe ich sie nur verbracht?

Ist die meiste Zeit vorüber?,
Fragen sie uns,
Die Jungen.
Wie viel Zeit bleibt uns noch?

Wir möchten wie ihr
Zeit haben und gelassen sein,
Zeit haben und überleben,
Nicht daran denken,
Ob wir es schaffen.

Seid ihr Herr der Lage,
Erkennt ihr die Probleme?
Wir wollen weiter Zeit,
Nicht nur um zu hassen.

Fürchtet ihr die Konfusion?
Wir wollen überleben.
Die Probleme sind nicht nichtig.
Ihr hattet alles.
Und wir?
Die meiste Zeit ist vorüber,
Die meiste Zeit bleibt uns nicht mehr,
Die meiste Zeit ist vorbei,
Die meiste Zeit, was habt ihr gemacht?"

J: „... und, also machst du deinen täglichen Spaziergang immer um die gleiche Zeit? Du nimmst dein Nachtessen immer sehr früh ein. Gibt dir das Sicherheit? Schonst du deinen Körper und deine Gefühle? Möchtest du einfach noch leben?

Ich kann das verstehen, wenn man sich tatsächlich schonen muss und keine Unsicherheiten und Neuigkeiten einen mehr überrumpeln dürfen. Doch du kannst noch gut denken. Schon gar nicht bekomme ich automatische Antworten von dir. Nein, überlegte und gut durchdachte. Sie zeugen von Intelligenz. Auch von Erfahrenheit. Im Denken bist du agil und jung. Bleib es. Lass dich durch deinen Körper, der viel Ruhe braucht und schnell ermüdet, nicht in deinem Denken beeinflussen. Überrasche mich weiter. Was uns heute noch unvorstellbar scheint, kann in Zukunft normal sein. Lass dich nicht von anderen entscheiden. Sei mutiger. Du kannst ruhig etwas stolz auf dich sein.

Das habe ich geschrieben, kannst du verstehen, was ich gemeint habe:

Wer am längsten,
Wer am kürzesten,
Wer am schnellsten,
Wer im Dunkelsten,
Wer entscheidet das?

Wer verliebt,
Wer vergrämt,
Wer verwöhnt,
Wer verhöhnt,
Wer entscheidet das?

Wer vertrieben,
Wer verfolgt,
Wer gehetzt,
Wer gelassen,
Wer entscheidet das?

Wer verwundet,
Wer bereichert,
Wer da sitzt,
Wer da streikt,
Wer entscheidet das?

Wer da fragt,
Wer da sagt,
Wer da redet,
Wer verzagt,
Wer entscheidet das?“

Zuhörerin:
„Weil ich klein bin,
Muss ich nicht mitmachen.

Weil ich klein bin,
Muss ich es nicht versuchen.

Weil ich klein bin,
habe ich Ausreden.

Weil ich sagte: ‚… Ich bin zu klein‘,
Habe ich vieles verpasst.

Weil ich sagte: ‚… Ich bin zu klein‘,
Habe ich mit vielem später angefangen.

Obwohl ich immer klein bleibe,
Habe ich es doch noch versucht.

Weil ich immer kleiner werde,
Kann ich bucklig werden.

Weil ich immer kleiner werde,
Lebe ich trotzdem gerne.

Weil ich immer kleiner geworden bin,
Habe ich einen Freund,
Der kleiner geworden ist und bucklig.
Der kleine Mann weiss nicht, dass er mein Freund ist."

X. Y. Z

Zuhörerin:

„Das habe ich früher als Kind oft geantwortet, wenn jemand eine Geschichte erzählte oder eine Begebenheit aus dem Alltag, wo das Ende offen war. Ich war ganz einfach mal stolz, dass ich das Abc konnte, dass ich wusste, die drei letzten Buchstaben davon waren X, Y, Z. Aber ich wollte wohl auch sagen, dass das Ende, selbst wenn es noch keines gab, doch klar und gut und bestimmt war. Das Ende war nämlich: X, Y, Z. Diese drei Buchstaben hatten nichts Schlimmes für mich. Diese Buchstaben tönten auch nicht schlimm, wenn man sie aufsagte. Ich sagte sie immer im gleichen Tonfall. Sie hatten eine sichere Bestimmtheit. Das Ende war X, Y, Z. Das wusste ich und war ganz sicher. Das war gut.

In dieser Geschichte sind wir drei nun X, Y, Z. Jetzt muss ich etwas ‚chnorzen'. Nämlich für das X habe ich nun diesen ‚Chnorz'. Mit X meine ich den alten Mann. Aber klar, er ist Herr X, ich weiss seinen Namen nicht. ... also ist er Herr X. Ich setze also das X ein, so wie ich das X in einer Gleichung setze. Y ist die junge Frau, also ‚young woman', und Z steht für mich, die Zuhörerin."

X, Y,Z

„Worüber lachst du?", fragt mich meine Enkelin.

„Ich habe andere Namen eingesetzt anstelle X, Y, Z. Doch so würden diese das alles nicht sagen und denken. Schon gar nicht er. Aber woher weiss ich das so genau? So würden diese drei nicht zusammenkommen. Und wenn sie es doch täten? X, Y, Z, warum weiss ich so genau, dass sie nicht schon miteinander sprechen?"

Die Autorin

Klara Lauk wurde 1956 in Einsiedeln/Schweiz als mittlere von fünf Schwestern geboren. Sie wuchs in der Innerschweiz auf einem Bauernhof in einem abgelegenen Weiler auf. Nach der Sekundarschule absolvierte sie eine Ausbildung zur Pflegefachkraft HF. Mit fünfundzwanzig heiratete sie und arbeitete danach als Familienfachfrau sowie Teilzeit in ihrem erlernten Beruf. Zu ihren Lieblingsaktivitäten zählen Wandern, Lesen, die Natur, Fotografieren, Freunde und Familie. Geschrieben hat Lauk schon immer gerne. Mit „... forever young" ist ihr nun die erste Buchveröffentlichung gelungen. Das Leben als gesamtes, mit seinen Freuden und Problemen, Öffentlichkeit und Privatem bildet für sie nach eigener Aussage die Grundlage zum Schreiben.
Klara Lauk wohnt heute im schweizerischen Schlieren/Kanton Zürich. Sie ist nach dem leider frühen Tod ihres Mannes verwitwet und Mutter zweier Kinder.